CHEF DIAMOND
Visits The Dentist

Smile!

I0087231

Created By: Diamond McNulty

Illustrated By: Harvey Lanot

ISBN: 978-1-945318-12-2

"Taking Over The World" - Diamond McNulty

Hi Friend!

Dental Hygene is very important. Let's have fun while learning more about our teeth.

- Chef Diamond

Color by Number

1 - Yellow   2 - White   3 - Red   4 - Pink

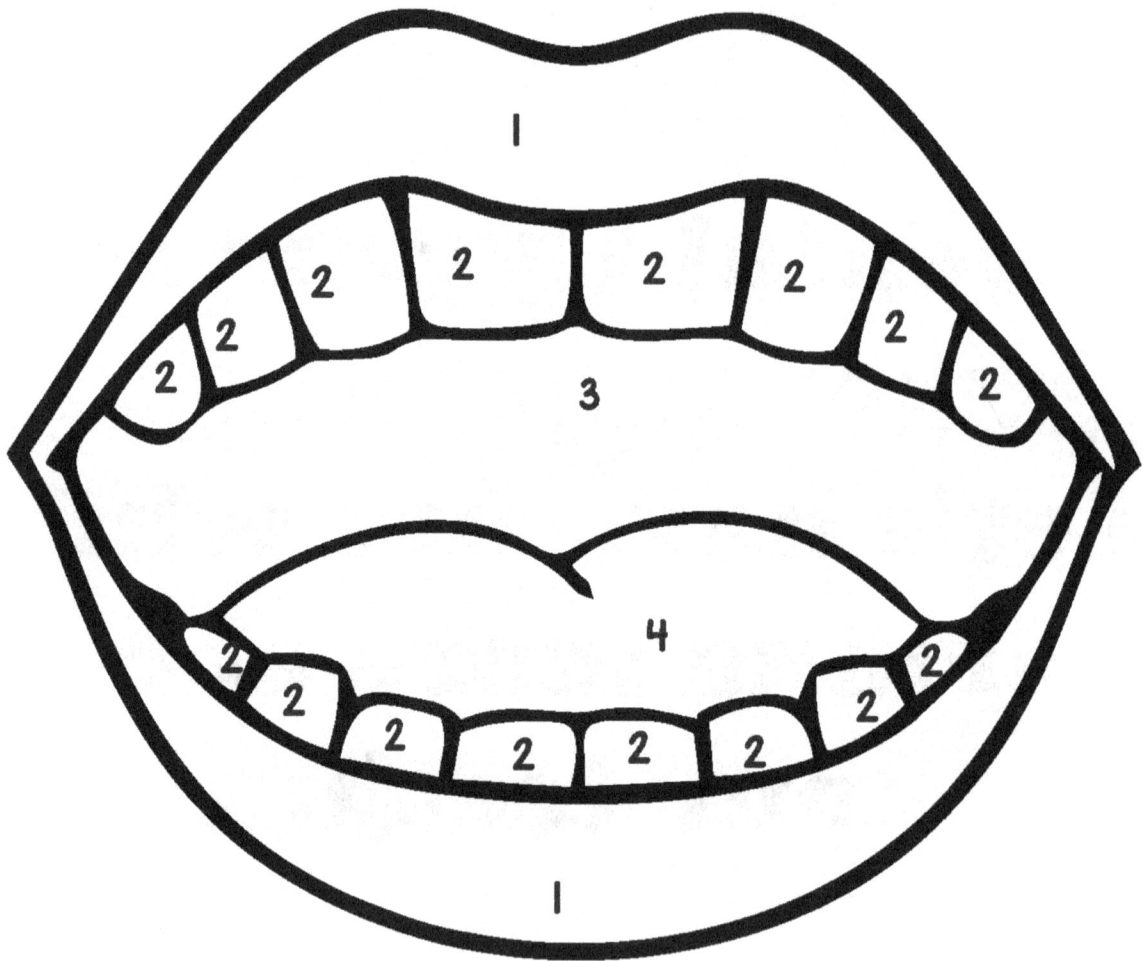

1

2 2 2 2 2 2 2 2 2

3

4

2 2 2 2 2 2 2 2

1

Welcome to the Dentist Office

Color by Number

1 - white   2 - light blue   3 - orange   4 - red

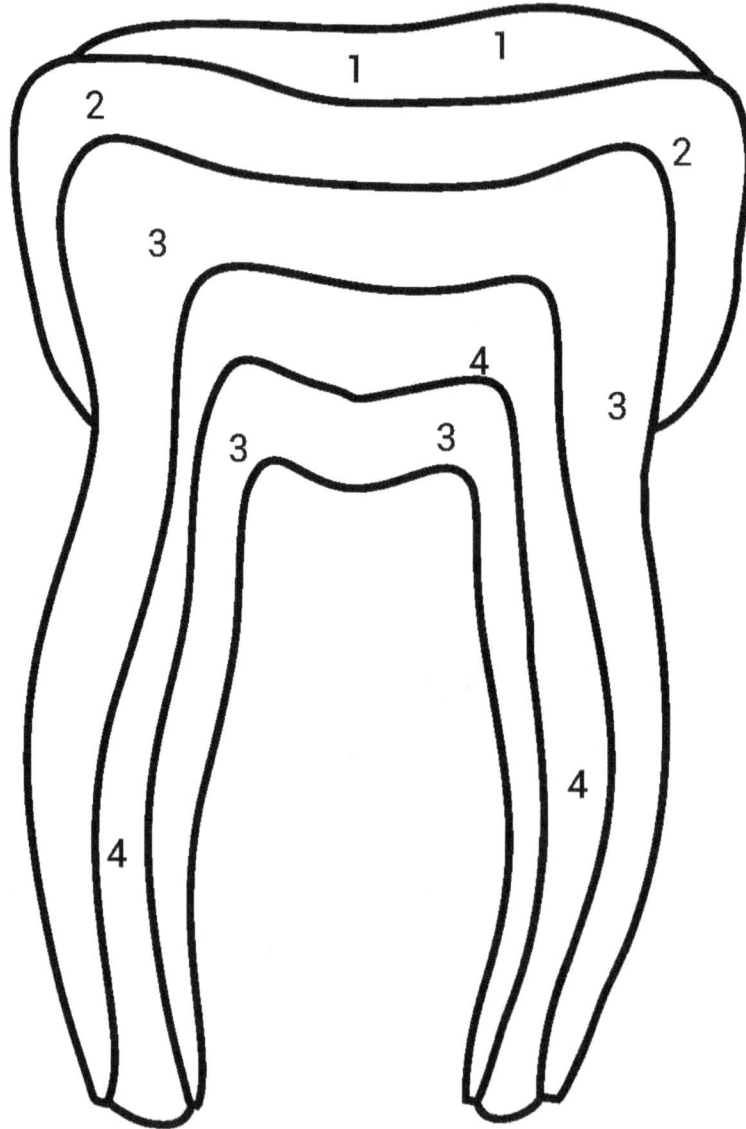

Meet Dr. Smiley the Dentist

Word Search

```
M  P  L  A  Q  U  E  E  H  S  T  C
F  R  C  C  B  X  C  A  C  B  O  R
S  U  S  B  R  U  S  H  W  R  O  A
I  A  V  A  C  I  O  T  T  L  T  M
D  L  D  E  R  A  A  F  A  N  H  A
M  O  L  A  R  L  U  L  L  F  P  A
C  U  U  C  E  D  R  O  K  A  A  O
H  T  L  N  S  E  N  S  I  E  S  N
L  O  S  G  O  N  F  M  N  N  T  S
F  N  T  U  L  T  T  I  G  A  E  U
I  G  B  M  N  I  O  L  H  M  T  N
R  U  B  S  D  S  O  E  I  E  E  W
R  E  F  I  T  T  N  N  L  E  H
A  N  H  E  A  L  T  H  A  O  A  O
```

MOLAR	TOOTHPASTE
GUMS	SMILE
BRUSH	HEALTH
DENTIST	TALKING
PLAQUE	TONGUE

CONNECT DOT TO DOT

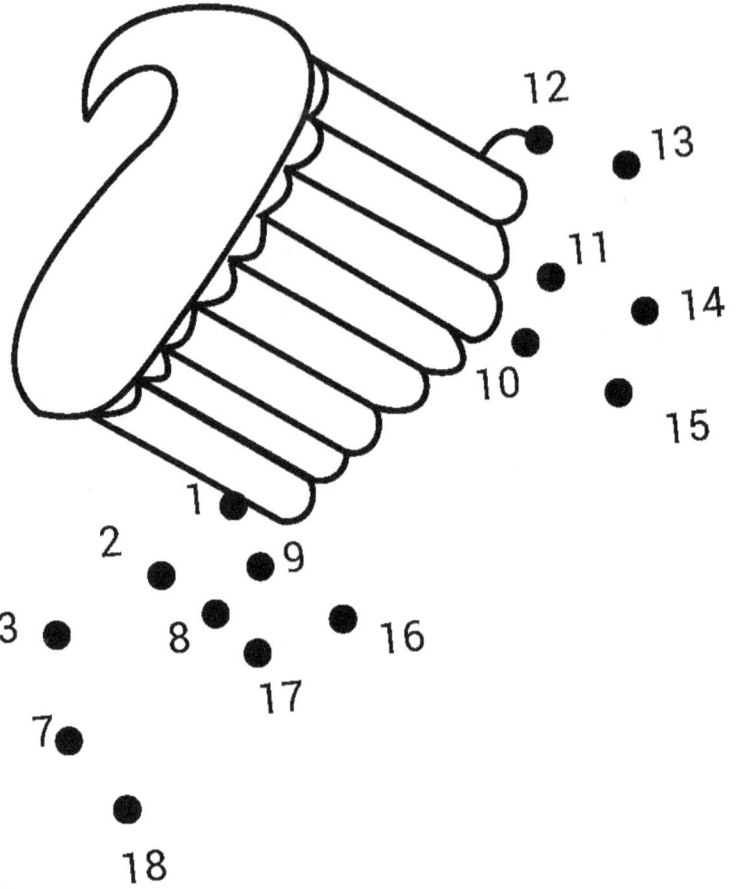

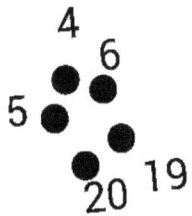

12 · 13 ·
11 · 14 ·
10 · 15 ·
1 ·
2 · 9 ·
3 · 8 · 16 ·
17 ·
7 ·
18 ·

4 ·
5 · 6 ·
20 · 19

Count Your Teeth

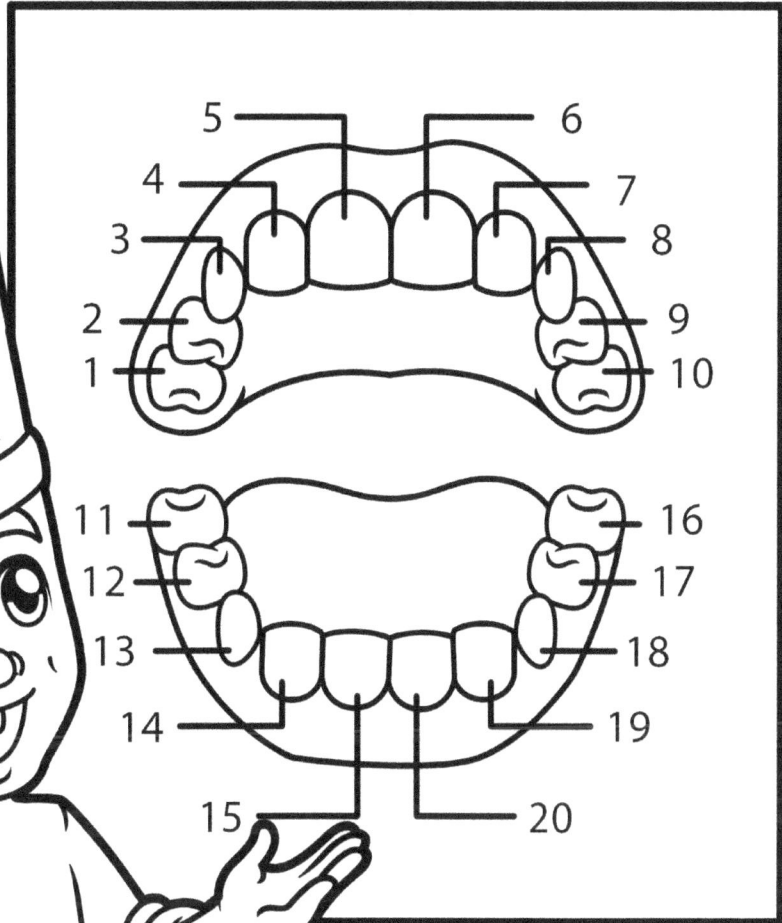

Matching Game
Match The Shadow

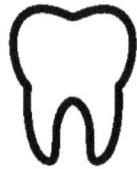

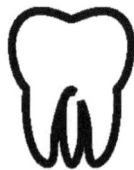

Can you name all these tools?

FIND 5 DIFFERENCES

Eat more fruit than candy!

EATING LOTS
OF CANDY
IS BAD FOR
YOUR HEALTH

FINISH THE PATTERN

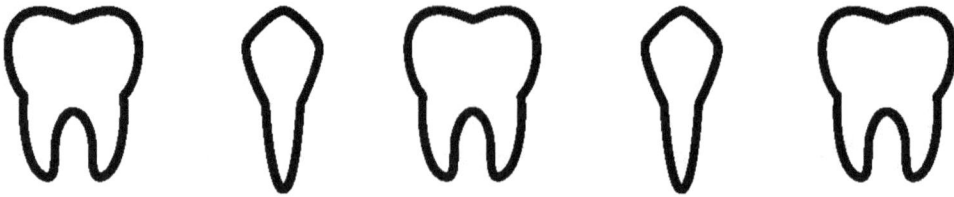

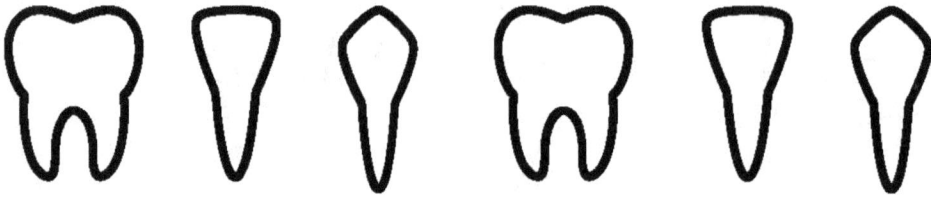

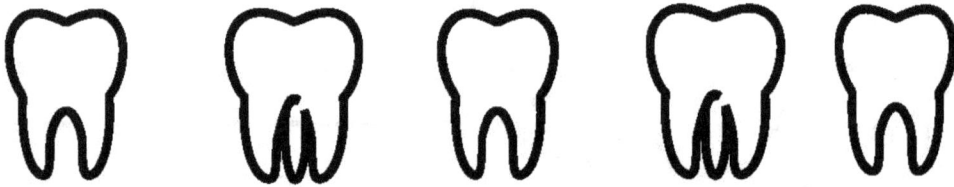

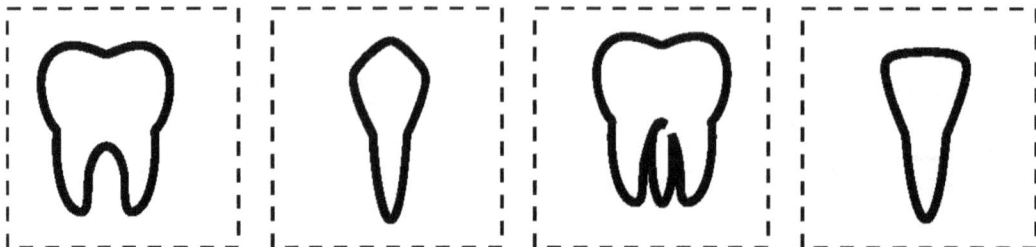

As a baby you have 20 teeth
As an adult you have 32 teeth

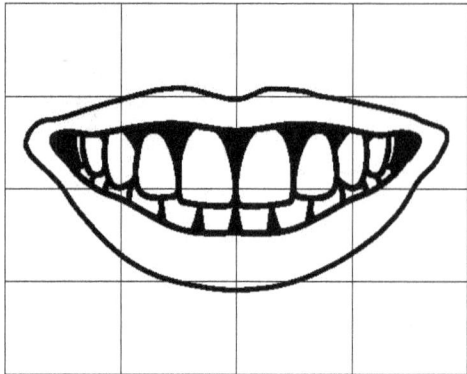

Can you
draw this?

Time to have my teeth cleaned!

Color only the things that help your teeth keep healthy

Brush twice a day to remove bacteria.

Word Search

```
L  T  M  V  I  A  A  C  I  D  O  T
N  S  A  D  D  L  E  R  A  O  A  F
F  M  O  U  T  H  F  B  L  M  U  L
A  H  O  U  C  U  C  E  L  L  R  O
E  E  N  L  H  T  N  S  A  X  N  S
N  C  S  S  L  R  O  O  T  Z  F  S
A  P  U  T  F  I  A  L  R  J  T  F
M  T  N  B  I  N  E  N  Z  H  O  W
E  E  W  B  R  N  D  U  I  O  O
L  E  H  F  R  U  I  T  E  N  T  N
S  T  C  E  M  A  N  E  B  H  H  E
B  H  R  C  F  R  C  B  X  C  C  A
R  N  A  S  S  U  G  E  R  W  W  R
O  A  O  C  A  N  N  O  N  A  F  R
B  C  A  V  I  T  Y  E  U  A  T  C
```

MOUTH	SUGER
TEETH	ENAMEL
FRUIT	ACID
ROOT	CAVITY
TOOTH	FLOSS

Brush in a cirular motion!

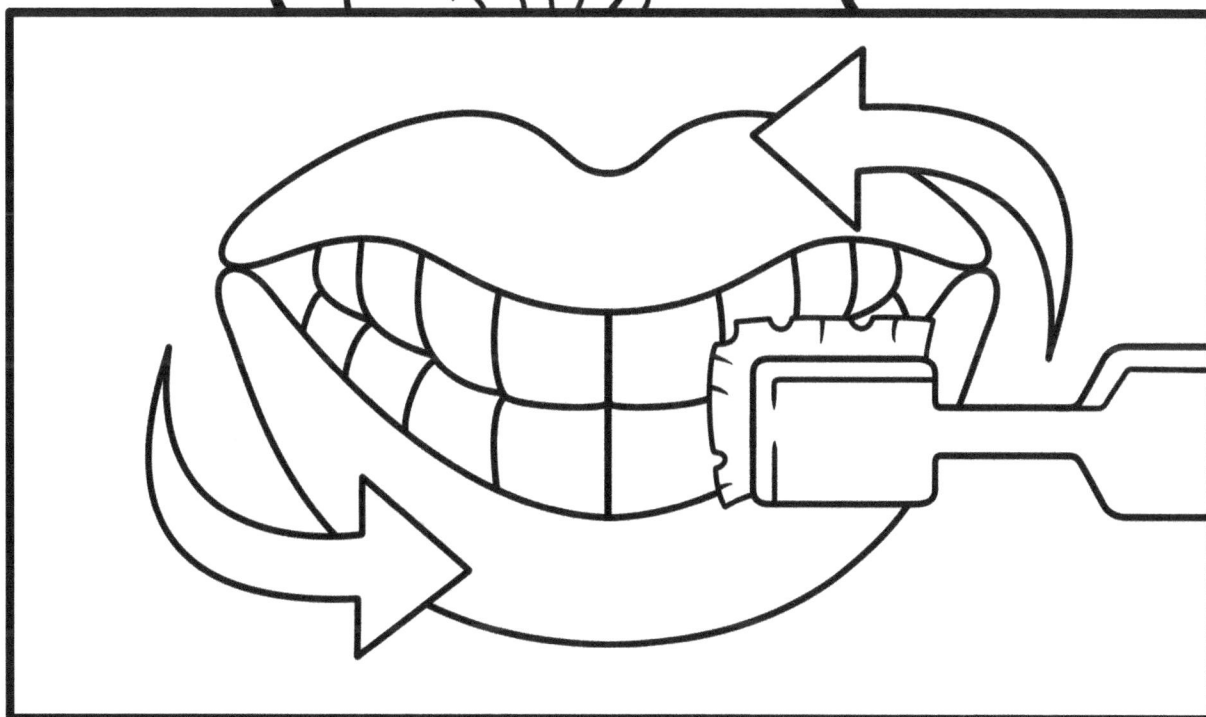

DRAW A PICTURE OF
YOUR TEETH OR MOUTH

Minimize your sugar intake!

COUNT THE NUMBER OF TEETH

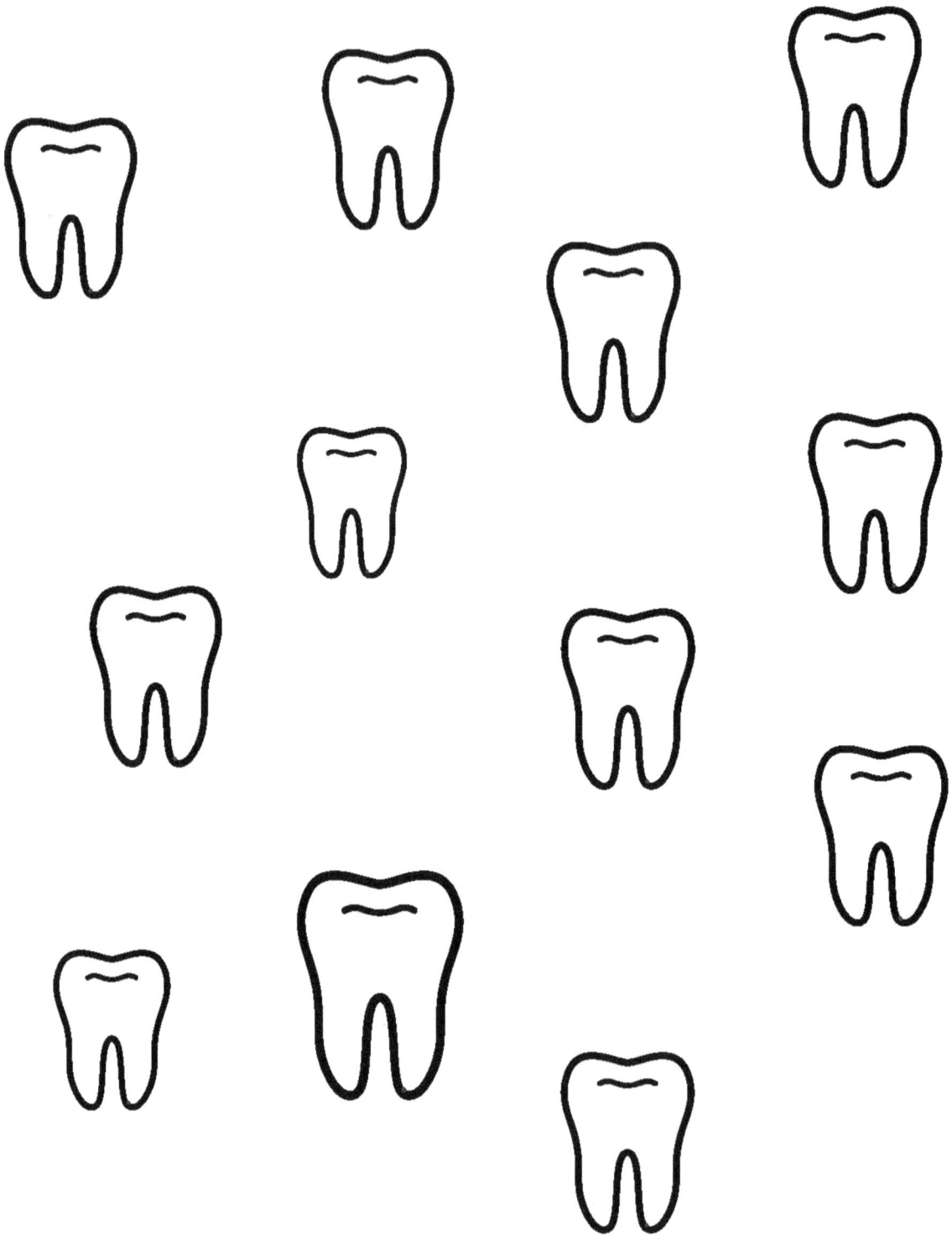

_____

Keep your SMILE bright!

Connect the Dots

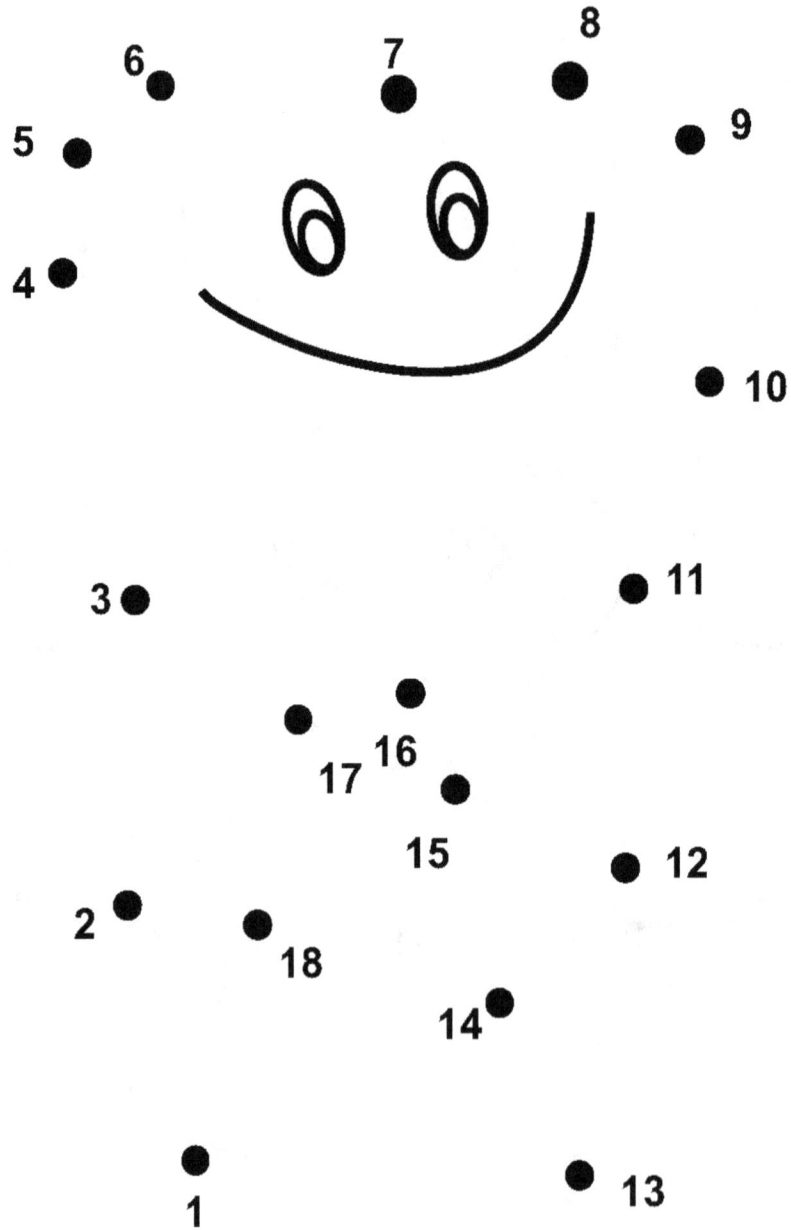

HELP TO FIND THE DENTIST

Braces help straighten your teeth!

Word Scramble

MTHOU

MUGS

SITTEND

GERUS

CIDA

THEET

TORO

TOTOH

Don't worry when your baby teeth fall out. They will be replaced with permanent teeth.

PERMANENT TEETH

BABY TEETH

FIND 5 DIFFERENCES

Don't be confused!! You should floss and use mouthwash everyday

Connect the Dots

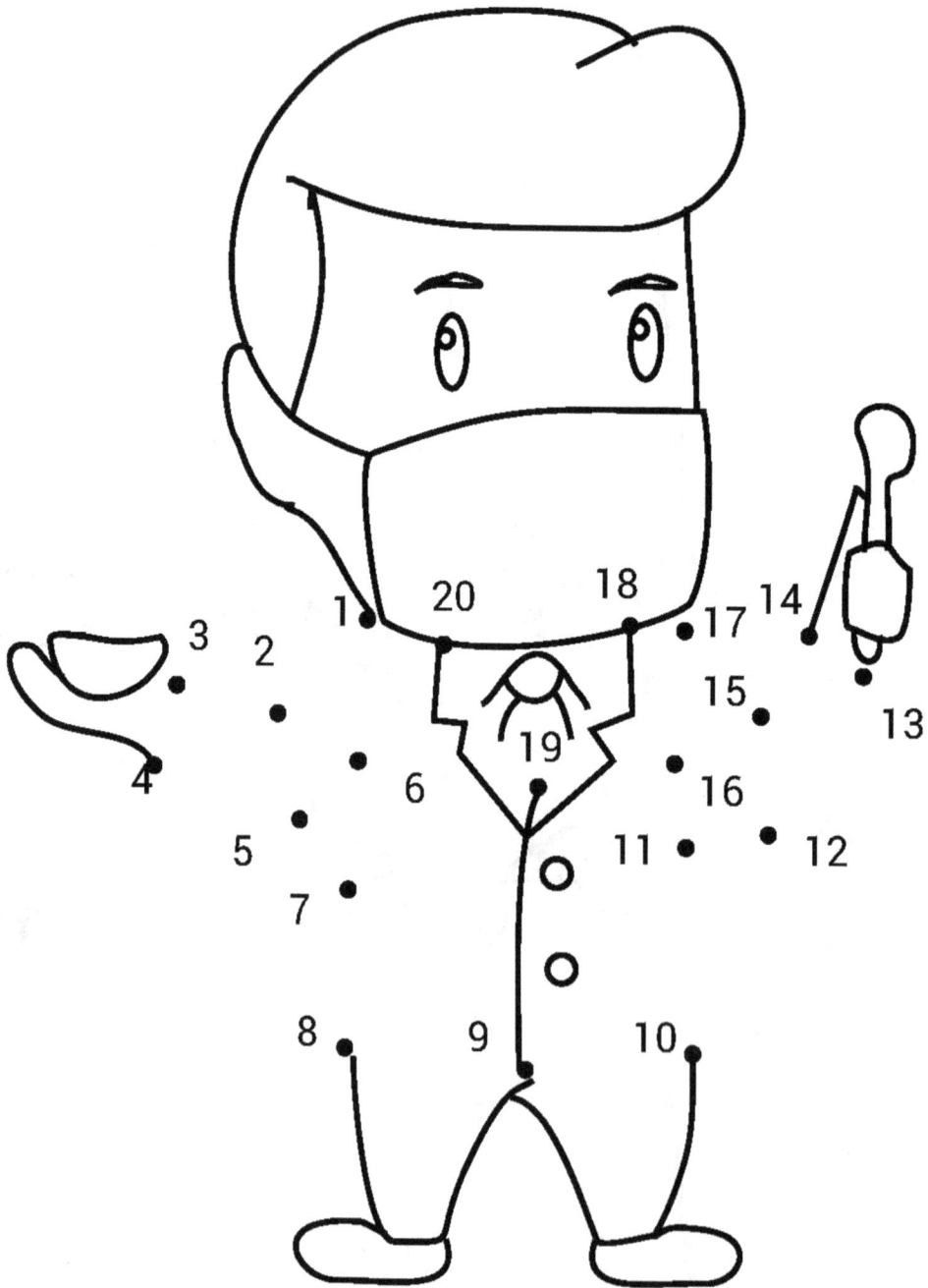

Buy a new toothbrush every 3 months.

HELP TO FIND THE BRUSH

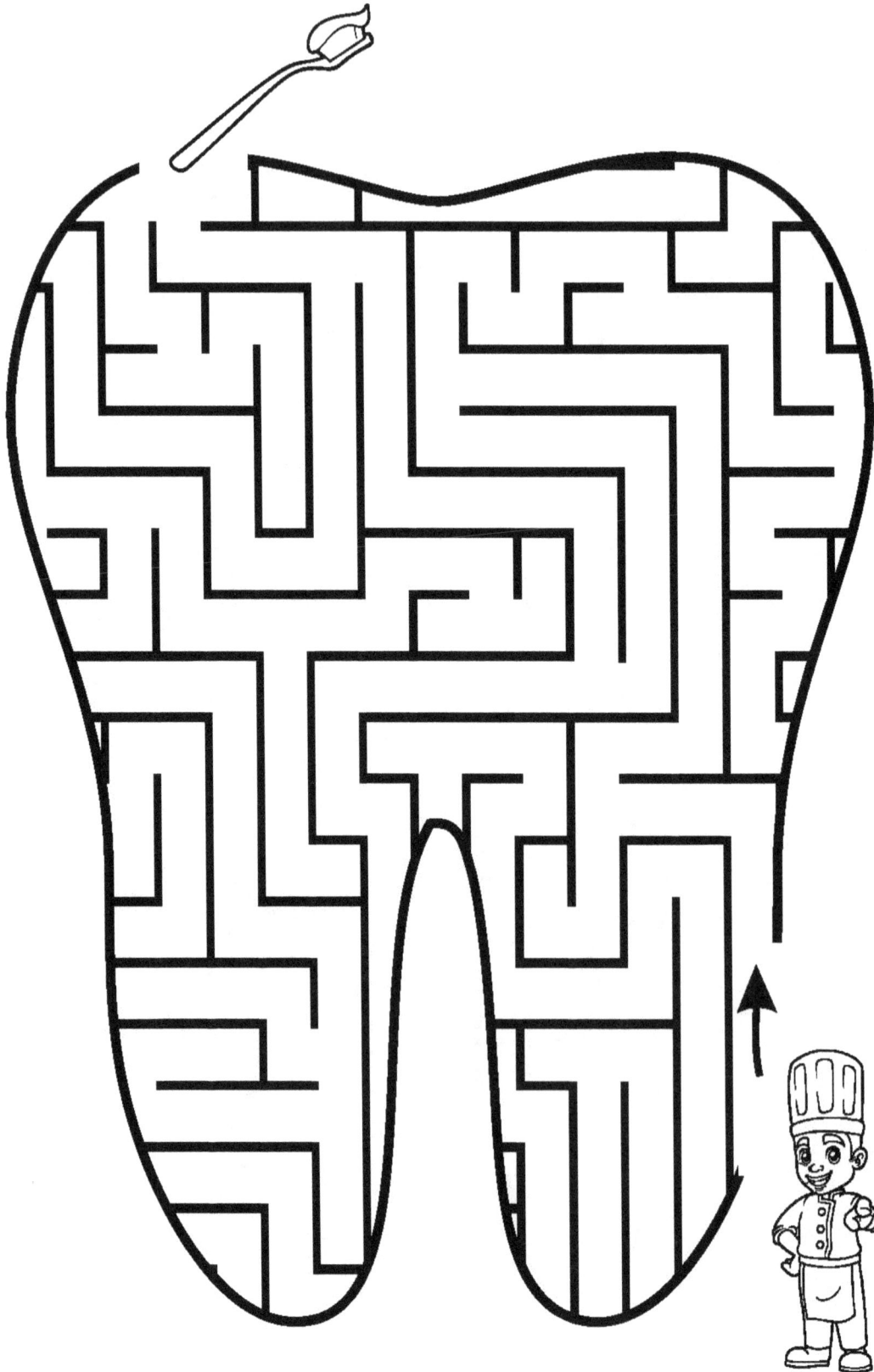

Continue to read how to keep your teeth healthy!

Connect the similar items

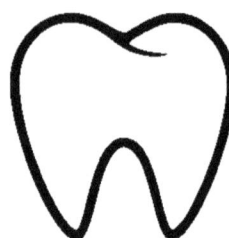

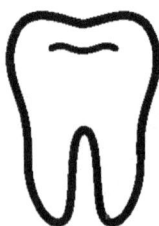

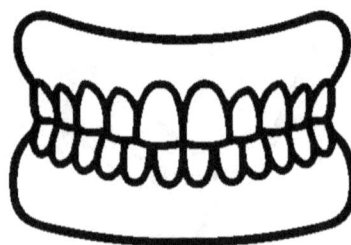

COUNT AND COLOR

2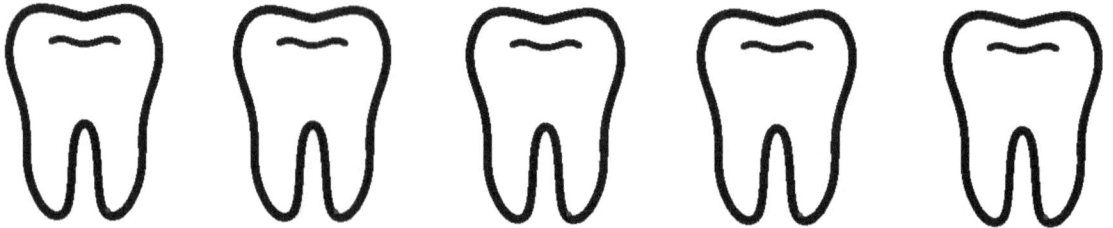

4

3

5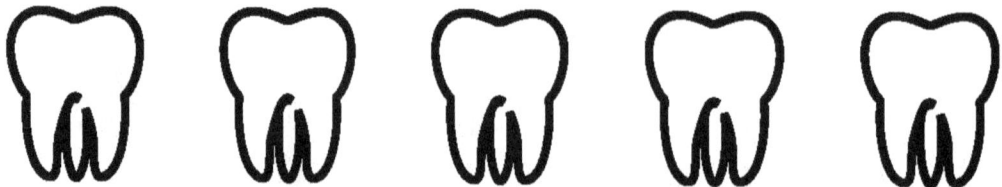

Brush your teeth every night before bed.

Hi Friend!

Let's take a moment to practice flossing, brushing your teeth and gargling with mouthwash.

Checkout Our Other Selections Online at

www.ChefDiamondandFriends.com